Verordnung über die Rechnungs- und Buchführungspflichten der Pflegeeinrichtungen (Pflege-Buchführungsverordnung - PBV)

Impressum

© GROELSV – Verlag, Hans-Much-Weg 14, 20249 Hamburg, Telefon: 040/ 32030598; - Redaktion GROELSV

Wir sind bemüht, ein ansprechendes Produkt zu gestalten, dass vernünftigen Ansprüchen an das Preis/Leistungsverhältnis gerecht wird. Buchbewertungen, z. B. über den Distributor Amazon sind ausdrücklich erwünscht. Konstruktive Anregungen nutzen wir gerne, um künftige Auflagen zu ergänzen und anzupassen.

Die Rechte am Werk, insbesondere für die Zusammenstellung, die Cover- und weitere Gestaltung liegen beim Verlag. Trotz sorgfältigster Bearbeitung und Qualitätskontrolle können Übertragungsfehler und technische Fehler nicht letztgültig ausgeschlossen werden. Fachanwaltliche Beratung wird durch die Konsultation einer Rechtssammlung nicht ersetzt.

1

Inhaltsverzeichnis

Pflege-Buchführungsverordnung - PBV

-

PBV

Ausfertigungsdatum: 22.11.1995

"Pflege-Buchführungsverordnung vom 22. November 1995 (BGBl. I S. 1528), die zuletzt durch Artikel 7 Absatz 3 des Gesetzes vom 20. Dezember 2012 (BGBl. I S. 2751) geändert worden ist"

Stand: Zuletzt geändert durch Art. 7 Abs. 3 G v. 20.12.2012 I 2751

Fußnote

(+++ Textnachweis ab: 1.1.1996 +++)

-

Eingangsformel

Auf Grund des § 83 Abs. 1 Satz 1 Nr. 3 des Elften Buches

Sozialgesetzbuch - Soziale Pflegeversicherung - vom 26. Mai 1994

(BGBl. I S. 1014) verordnet die Bundesregierung und auf Grund des durch Artikel 1 Nr. 8 des Gesetzes vom 19. Dezember 1985 (BGBl. I S. 2355) eingefügten und durch Artikel 1 Nr. 7 Buchstabe a des Gesetzes vom 24. Juni 1994 (BGBl. I S. 1377) geänderten § 330 Abs. 1 des Handelsgesetzbuchs verordnet das Bundesministerium der Justiz im Einvernehmen mit dem Bundesministerium der Finanzen und dem Bundesministerium für Wirtschaft:

§ 1 Anwendungsbereich

(1) Die Rechnungs- und Buchführungspflichten der Pflegeeinrichtungen richten sich nach dieser Verordnung, unabhängig davon, ob die Pflegeeinrichtung Kaufmann im Sinne des Handelsgesetzbuchs ist, und unabhängig von der Rechtsform der Pflegeeinrichtung. Rechnungs-, Buchführungs- und Aufzeichnungspflichten nach anderen Vorschriften bleiben unberührt.

(2) Pflegeeinrichtungen im Sinne dieser Verordnung sind

1.

   ambulante Pflegeeinrichtungen (Pflegedienste),

2.

   teilstationäre und vollstationäre Pflegeeinrichtungen (Pflegeheime),

mit denen ein Versorgungsvertrag nach dem Elften Buch Sozialgesetzbuch besteht (zugelassene Pflegeeinrichtungen). Erbringt eine zugelassene Pflegeeinrichtung neben Leistungen nach dem Elften Buch Sozialgesetzbuch andere Sozialleistungen im Sinne des Ersten

3

Buches Sozialgesetzbuch (gemischte Einrichtung), so sind ihre Rechnungs- und Buchführungspflichten nach dieser Verordnung auf die Leistungen beschränkt, für die sie nach dem Elften Buch Sozialgesetzbuch als Pflegeeinrichtung zugelassen ist.

-

§ 2 Geschäftsjahr

Das Geschäftsjahr ist das Kalenderjahr.

-

§ 3 Buchführung, Inventar

(1) Die Pflegeeinrichtungen führen ihre Bücher nach den Regeln der kaufmännischen doppelten Buchführung. Für Buchführung und Inventar gelten die §§ 238 bis 241 des Handelsgesetzbuchs.

(2) Die Konten sind nach dem Kontenrahmen der Anlage 4 einzurichten. Bei Verwendung eines hiervon abweichenden Kontenplanes hat die Pflegeeinrichtung durch ein ordnungsmäßiges Überleitungsverfahren die Umschlüsselung auf den Kontenrahmen nach Satz 1 zu gewährleisten.

-

§ 4 Jahresabschluß

(1) Der Jahresabschluß der Pflegeeinrichtung besteht aus:

1.

    der Bilanz, gegliedert nach Anlage 1,

4

2.

der Gewinn- und Verlustrechnung, gegliedert nach Anlage 2, sowie

3.

dem Anhang einschließlich des nach den Anlagen 3a und 3b gegliederten Anlagen- und Fördernachweises.

Der Jahresabschluß ist innerhalb von sechs Monaten nach Ablauf des Geschäftsjahres aufzustellen. Für die Aufstellung und den Inhalt des Jahresabschlusses gelten § 242, § 243 Abs. 1 und 2, die §§ 244 bis 256a, § 264 Abs. 2, § 265 Abs. 2, 5 und 8, § 268 Abs. 3, die §§ 272, 274, 275 Absatz 4, § 277 Abs. 3 Satz 1 und Abs. 4, § 284 Abs. 2 Nr. 1 und 3 des Handelsgesetzbuchs sowie Artikel 28, 42 bis 44 des Einführungsgesetzes zum Handelsgesetzbuch.

(2) Soweit ein Träger mehrere Pflegeeinrichtungen betreibt, die keine Vollkaufleute im Sinne des Handelsgesetzbuchs sind, kann er diese in einem Jahresabschluß zusammenfassen. Dabei ist der Anlagen- und Fördernachweis nach den Anlagen 3a und 3b für jede Pflegeeinrichtung gesondert zu erstellen. § 7 bleibt unberührt.

(3) Bei gemischten Einrichtungen im Sinne des § 1 Abs. 2 Satz 2 kann der Träger

1.

einen auf die Leistungen nach dem Elften Buch Sozialgesetzbuch begrenzten Jahresabschluß (Teil-Jahresabschluß) erstellen oder

2.

gegliederten Teil-Gewinn- und Verlustrechnung so zusammenfassen, daß sie von den anderen Leistungsbereichen der Einrichtung getrennt sind. Ist eine Abgrenzung nicht möglich, haben die erforderlichen Zuordnungen zu den verschiedenen Leistungsbereichen auf der Grundlage von vorsichtigen und wirklichkeitsnahen Schätzungen zu erfolgen. § 7 bleibt unberührt.

§ 5 Einzelvorschriften zur Bilanz

(1) Vermögensgegenstände des Anlagevermögens, deren Nutzung zeitlich begrenzt ist, sind in der Bilanz höchstens zu den Anschaffungs- oder Herstellungskosten, vermindert um Abschreibungen, anzusetzen. Kann eine zugelassene Pflegeeinrichtung, die erstmals nach den Grundsätzen dieser Verordnung eine Bewertung des Anlagevermögens vornimmt, zum Stichtag der Eröffnungsbilanz die tatsächlichen Anschaffungs- oder Herstellungskosten nicht ohne unvertretbaren Aufwand ermitteln, so sind den Preisverhältnissen des vermutlichen Anschaffungs- oder Herstellungszeitpunkts entsprechende Erfahrungswerte als Anschaffungs- oder Herstellungskosten anzusetzen. Vermögensgegenstände des Anlagevermögens, die bei Pflegeheimen am 1. Januar 1997, bei Pflegediensten am 1. Januar 1998 bis auf einen Erinnerungsposten abgeschrieben sind, können mit diesem Restbuchwert angesetzt werden.

(2) Vermögensgegenstände des Anlagevermögens, die mit öffentlichen Fördermitteln oder sonstigen Zuwendungen Dritter angeschafft oder

hergestellt worden sind, sind auf der Aktivseite der Bilanz mit dem Bruttowert anzusetzen. Auf der Passivseite der Bilanz sind die bereits zweckentsprechend verwendeten Fördermittel oder Zuwendungen als Sonderposten gesondert auszuweisen, vermindert um den Betrag der bis zum jeweiligen Bilanzstichtag angefallenen Abschreibungen auf die mit diesen Mitteln finanzierten Vermögensgegenstände des Anlagevermögens.

(3) Bei Pflegeeinrichtungen ohne eigene Rechtspersönlichkeit oder in einer anderen Rechtsform als der Kapitalgesellschaft sind in der Bilanz unter dem Eigenkapital als "gewährtes Kapital" die Beträge auszuweisen, die der Einrichtung für die Erfüllung ihres Versorgungsauftrags nach dem Elften Buch Sozialgesetzbuch vom Rechtsträger auf Dauer zur Verfügung gestellt werden. Sonstige Einlagen des Rechtsträgers sind als Kapitalrücklagen auszuweisen. Für Gewinnrücklagen gilt § 272 Abs. 3 des Handelsgesetzbuchs entsprechend.

(4) Sind der Pflegeeinrichtung vor Aufnahme in den Landespflegeplan für Lasten aus Darlehen Fördermittel bewilligt worden, so ist in Höhe des Teils der jährlichen Abschreibungen auf die mit diesen Mitteln finanzierten Vermögensgegenstände des Anlagevermögens, der nicht durch den Tilgungsanteil der Fördermittel gedeckt ist, in der Bilanz auf der Aktivseite ein "Ausgleichsposten aus Darlehensförderung" zu bilden. Ist der Tilgungsanteil der Fördermittel aus der Darlehensförderung höher als die jährlichen Abschreibungen auf die mit diesen Mitteln finanzierten Vermögensgegenstände des Anlagevermögens, so ist in der Bilanz in Höhe des überschießenden

7

Betrages auf der Passivseite ein "Ausgleichsposten aus Darlehensförderung" zu bilden.

(5) In Höhe der Abschreibungen auf die aus Eigenmitteln des Trägers der Pflegeeinrichtung vor Beginn der Förderung beschafften Vermögensgegenstände des Anlagevermögens, für die ein Ausgleich für die Abnutzung in der Zeit ab Beginn der Förderung verlangt werden kann, ist in der Bilanz auf der Aktivseite ein "Ausgleichsposten für Eigenmittelförderung" zu bilden.

-

§ 6 Aufbewahrung und Vorlegung von Unterlagen

Für die Aufbewahrung von Unterlagen, die Aufbewahrungsfristen und die Vorlegung von Unterlagen gelten die §§ 257 und 261 des Handelsgesetzbuchs.

-

§ 7 Kosten- und Leistungsrechnung

Die zugelassenen Pflegeeinrichtungen haben eine Kosten- und Leistungsrechnung zu führen, die eine betriebsinterne Steuerung sowie eine Beurteilung der Wirtschaftlichkeit und Leistungsfähigkeit ermöglicht. Die Kosten- und Leistungsrechnung muß die Ermittlung und Abgrenzung der Kosten der jeweiligen Betriebszweige sowie die Erstellung der Leistungsnachweise nach den Vorschriften des Achten Kapitels des Elften Buches Sozialgesetzbuch ermöglichen. Dazu gehören folgende Mindestanforderungen:

1.

Die Pflegeeinrichtungen haben die auf Grund ihrer Aufgaben und Strukturen erforderlichen Kostenstellen zu bilden; dabei kann der Kostenstellenrahmen nach dem Muster der Anlage 5 angewendet werden.

2.

Die Kosten sind aus der Buchführung nachprüfbar herzuleiten.

3.

Die Kosten und Leistungen sind verursachungsgerecht nach Kostenstellen zu erfassen; sie sind darüber hinaus den anfordernden Kostenstellen zuzuordnen, soweit dies für die in Satz 1 genannten Zwecke erforderlich ist.

4.

Die Kosten und Leistungen sind verursachungsgerecht den Kostenträgern zuzuordnen; dabei kann die Kostenträgerübersicht nach dem Muster der Anlage 6 angewendet werden.

5.

Bei Einrichtungen nach § 4 Abs. 2 oder 3 muß eine verursachungsgerechte Abgrenzung der Kosten und Erträge mit anteiliger Zuordnung auf die verschiedenen Einrichtungen erfolgen; § 4 Abs. 3 Nr. 2 Satz 2 gilt entsprechend.

-

§ 8 Wahlrecht für Kapitalgesellschaften

(1) Pflegeeinrichtungen, die Kapitalgesellschaften im Sinne des Zweiten Abschnitts des Dritten Buches des Handelsgesetzbuchs sind,

9

brauchen auch für Zwecke des Handelsrechts bei der Aufstellung, Feststellung und Offenlegung ihres Jahresabschlusses nach dem Handelsgesetzbuch die Gliederungsvorschriften der §§ 266, 268 Abs. 2 und § 275 des Handelsgesetzbuchs nicht anzuwenden. Sehen sie von der Anwendung ab, so haben sie bei der Aufstellung, Feststellung und Offenlegung die Bilanz nach Anlage 1, die Gewinn- und Verlustrechnung nach Anlage 2 und den Anlagennachweis nach Anlage 3a zu gliedern. Die im Anlagennachweis vorgeschriebenen Angaben sind auch für den Posten "Immaterielle Vermögensgegenstände" und jeweils für die Posten des Finanzanlagevermögens zu machen.

(2) Bei Inanspruchnahme des Wahlrechts nach Absatz 1 für Zwecke des Handelsrechts gelten die Erleichterungen für kleine und mittelgroße Kapitalgesellschaften nach § 266 Abs. 1 Satz 3 und § 276 des Handelsgesetzbuchs bei der Aufstellung und Feststellung nicht; bei der Offenlegung nach den §§ 325 bis 328 des Handelsgesetzbuchs dürfen § 266 Abs. 1 Satz 3 und § 276 des Handelsgesetzbuchs mit der Maßgabe angewendet werden, daß in der Bilanz nach Anlage 1 und im Anlagennachweis nach Anlage 3a nur die mit Buchstaben und römischen Zahlen bezeichneten Posten ausgewiesen werden müssen und daß in der Gewinn- und Verlustrechnung nach Anlage 2 die Posten 1 bis 8 und 10 zu dem Posten "Rohergebnis" zusammengefaßt werden dürfen.

-

§ 9 Befreiungen

(1) Von den Vorschriften dieser Verordnung sind befreit:

1.

Pflegedienste mit bis zu sechs Vollzeitkräften; Teilzeitkräfte sind auf Vollzeitkräfte umzurechnen,

2.

teilstationäre Pflegeeinrichtungen und Einrichtungen der Kurzzeitpflege mit bis zu acht Pflegeplätzen,

3.

vollstationäre Pflegeeinrichtungen mit bis zu zwanzig Pflegeplätzen.

Für die Ermittlung der Vollzeitkräfte und der Pflegeplätze sind die Durchschnittswerte im abgelaufenen Geschäftsjahr maßgebend. Satz 1 gilt nicht für Pflegeeinrichtungen, deren Umsätze aus der Erfüllung ihres Versorgungsauftrages nach dem Elften Buch des Sozialgesetzbuchs (ohne Investitionsaufwendungen) bei Pflegeheimen 500.000 Euro, bei Pflegediensten 250.000 Euro im abgelaufenen Geschäftsjahr übersteigen.

(2) Von den Vorschriften dieser Verordnung können ganz oder teilweise befreit werden:

1.

Pflegedienste mit sieben bis zu zehn Vollzeitkräften; Teilzeitkräfte sind auf Vollzeitkräfte umzurechnen,

2.

teilstationäre Pflegeeinrichtungen und Einrichtungen der

11

Kurzzeitpflege mit neun bis zu fünfzehn Pflegeplätzen,

3.

vollstationäre Pflegeeinrichtungen mit einundzwanzig bis zu dreißig Pflegeplätzen.

Absatz 1 Satz 2 gilt entsprechend. Über eine Befreiung und ihre Versagung entscheiden auf Antrag des Trägers der Pflegeeinrichtung die Landesverbände der Pflegekassen gemeinsam im Einvernehmen mit der zuständigen Landesbehörde nach pflichtgemäßem Ermessen. Maßstab für diese Ermessensentscheidung ist insbesondere die Frage, ob die mit der Anwendung der Verordnung verbundenen Kosten in einem angemessenen Verhältnis zu dem erreichbaren Nutzen stehen oder ob die in § 7 gestellten Anforderungen nicht auch auf andere Weise erreicht werden können.

(3) Pflegeeinrichtungen, die nach Absatz 1 oder 2 von den Vorschriften dieser Verordnung befreit sind, haben eine vereinfachte Einnahmen- und Ausgabenrechnung zu führen, die den Grundsätzen ordnungsmäßiger Buchführung entspricht; als Mindestanforderung gelten die in § 259 Abs. 1 des Bürgerlichen Gesetzbuchs aufgeführten Rechenschaftspflichten entsprechend. Die Auskunfts- und Nachweispflichten der Pflegeeinrichtungen nach dem Siebten und Achten Kapitel des Elften Buches Sozialgesetzbuch bleiben unberührt.

-

§ 10 Ordnungswidrigkeiten

Ordnungswidrig im Sinne des § 334 Abs. 1 Nr. 6 des Handelsgesetzbuchs handelt, wer als Mitglied des

12

vertretungsberechtigten Organs oder des Aufsichtsrats einer Pflegeeinrichtung, die Kapitalgesellschaft ist, bei der Aufstellung oder Feststellung des Jahresabschlusses

1.

entgegen § 8 Abs. 1 Satz 2

a)

die Bilanz nicht nach Anlage 1,

b)

die Gewinn- und Verlustrechnung nicht nach Anlage 2,

c)

den Anlagennachweis nicht nach Anlage 3a

gliedert oder

2.

entgegen § 8 Abs. 1 Satz 3 die dort bezeichneten zusätzlichen Angaben im Anlagennachweis nicht, nicht in der vorgeschriebenen Form oder nicht mit dem vorgeschriebenen Inhalt macht.

-

§ 11 Inkrafttreten und Übergangsvorschriften

(1) Diese Verordnung tritt am 1. Januar 1996 in Kraft.

(2) Der Jahresabschluß nach § 4 ist erstmals aufzustellen:

1.

bei stationären Pflegeeinrichtungen zum 31. Dezember 1997 für das Geschäftsjahr 1997 bis spätestens zum 30. Juni 1998,

2.

bei ambulanten Pflegeeinrichtungen zum 31. Dezember 1998 für das Geschäftsjahr 1998 bis spätestens zum 30. Juni 1999.

(3) Stichtag für die Eröffnungsbilanz sowie für die erstmalige Aufstellung des Anlagen- und Fördernachweises (Anlagen 3a und 3b) sind:

1.

bei stationären Pflegeeinrichtungen der 1. Januar 1997,

2.

bei ambulanten Pflegeeinrichtungen der 1. Januar 1998.

Wird die Pflegeeinrichtung erst nach dem 1. Januar des jeweiligen Geschäftsjahres in Betrieb genommen, ist Stichtag für die Eröffnungsbilanz der Tag der Betriebsaufnahme. Die Eröffnungsbilanz ist binnen sechs Monaten nach dem jeweiligen Stichtag aufzustellen.

(4) Die Vorschriften über Buchführung und Inventar (§ 3) sowie über die Kosten- und Leistungsrechnung (§ 7) sind auf stationäre Pflegeeinrichtungen erstmals für das Geschäftsjahr 1997 und auf ambulante Pflegeeinrichtungen erstmals für das Geschäftsjahr 1998 anzuwenden.

(5) Wird eine Pflegeeinrichtung im Jahr 1996 an einen freigemeinnützigen oder privaten Träger veräußert, können die in Absatz 2 bis 4 genannten Fristen auf Antrag des neuen Trägers gemäß § 9 Abs. 2 Satz 3 jeweils um ein Jahr verlängert werden.

(6) Sofern für ein Geschäftsjahr, das nach dem 31. Dezember 1998 und spätestens im Jahre 2001 endet, der Jahresabschluß und der Konzernabschluß nach Artikel 42 Abs. 1 Satz 2 des Einführungsgesetzes zum Handelsgesetzbuch in Deutscher Mark

14

aufgestellt werden, sind auch die in den Formblättern gemäß Anlage 1 und 2 für die Bilanz und die Gewinn- und Verlustrechnung sowie die im Anlagennachweis gemäß Anlage 3a und im Fördernachweis gemäß Anlage 3b vorgeschriebenen Angaben in Deutscher Mark und unter der Bezeichnung "DM" zu machen. Für ein Geschäftsjahr, das spätestens am 31. Dezember 1998 endet, ist diese Verordnung in der an diesem Tage geltenden Fassung anzuwenden.

(7) § 279 des Handelsgesetzbuchs ist letztmals auf einen Jahresabschluss anzuwenden, der für ein Geschäftsjahr aufzustellen ist, das vor dem 1. Januar 2010 beginnt. Die Anlagen 1 und 4 mit den Änderungen, die durch das Bilanzrechtsmodernisierungsgesetz vom 25. Mai 2009 (BGBl. I S. 1102) und durch Artikel 6 Nummer 3 bis 5 der Verordnung zur Änderung von Rechnungslegungsverordnungen vom 9. Juni 2011 (BGBl. I S. 1041) erfolgt sind, sind erstmals auf Jahresabschlüsse für Geschäftsjahre anzuwenden, die nach dem 31. Dezember 2009, im Fall des Artikels 66 Absatz 3 Satz 6 des Einführungsgesetzes zum Handelsgesetzbuch nach dem 31. Dezember 2008 beginnen. Die Anlagen 1 und 4 in der bis zum 28. Mai 2009 geltenden Fassung sind letztmals auf einen Jahresabschluss anzuwenden, der für ein Geschäftsjahr aufzustellen ist, das vor dem 1. Januar 2010 beginnt. Soweit im Übrigen in dieser Verordnung auf Bestimmungen des Handelsgesetzbuchs in der Fassung des Bilanzrechtsmodernisierungsgesetzes vom 25. Mai 2009 (BGBl. I S. 1102) verwiesen wird, gelten die in den Artikeln 66 und 67 des Einführungsgesetzes zum Handelsgesetzbuch enthaltenen Übergangsregelungen entsprechend. Artikel 66 Abs. 3 Satz 6 des

Einführungsgesetzes zum Handelsgesetzbuch gilt entsprechend.

-

Schlußformel

Der Bundesrat hat zugestimmt.

-

Anlage 1 Gliederung der Bilanz *)

(Fundstelle: BGBl. I 1995, 1532 - 1534;

bzgl. der einzelnen Änderungen vgl. Fußnote)

Aktivseite

A. Anlagevermögen:

   I. Immaterielle Vermögensgegenstände

      1. Selbst geschaffene gewerbliche Schutzrechte und
         ähnliche Rechte und Werte (KUGr.0800) ......

      2. entgeltlich erworbene Konzessionen, gewerbliche
         Schutzrechte und ähnliche Rechte und Werte sowie
         Lizenzen an solchen Rechten und Werten (KUGr.0801) ......

      3. Geschäfts- oder Firmenwert (KUGr.0802) ......

      4. geleistete Anzahlungen (KUGr.0803) ....

   II. Sachanlagen:

16

1. Grundstücke und grundstücksgleiche Rechte mit Betriebsbauten einschließlich der Betriebsbauten auf fremden Grundstücken (KGr.01, KUGr.040 u. 042) ....

2. Grundstücke und grundstücksgleiche Rechte mit Wohnbauten einschließlich der Wohnbauten auf fremden Grundstücken (KGr.02, KUGr.041 u. 042, soweit nicht unter 1.) ....

3. Grundstücke und grundstücksgleiche Rechte ohne Bauten (KGr.03) ....

4. Technische Anlagen (KGr.05) ....

5. Einrichtungen und Ausstattungen ohne Fahrzeuge (KGr.06 ohne KUGr.063) ....

6. Fahrzeuge (KUGr.063) ....

7. Geleistete Anzahlungen und Anlagen im Bau (KGr.07) ....

III. Finanzanlagen

1. Anteile an verbundenen Unternehmen**) (KUGr.081) ....

2. Ausleihungen an verbundene Unternehmen**) (KUGr.082) ....

3. Beteiligungen (KUGr.083) ....

4. Ausleihungen an Unternehmen, mit denen ein

Beteiligungsverhältnis besteht**) (KUGr.084) ....

5. Wertpapiere des Anlagevermögens (KUGr.085) ....

6. Sonstige Finanzanlagen (KUGr.086) ....

B. Umlaufvermögen

  I. Vorräte

    1. Roh-, Hilfs- und Betriebsstoffe (KUGr.101) ....

    2. Geleistete Anzahlungen (KUGr.102) ....

  II. Forderungen und sonstige Vermögensgegenstände

    1. Forderungen aus Lieferungen und Leistungen
    (KGr.11), ...
    davon mit einer Restlaufzeit von mehr als
    einem Jahr ....

    2. Forderungen an Gesellschafter oder Träger
    der Einrichtung (KUGr.160), ...
    davon mit einer Restlaufzeit von mehr als
    einem Jahr ....

    3. Forderungen gegen verbundene Unternehmen**)
    (KUGr.161), ...
    davon mit einer Restlaufzeit von mehr als
    einem Jahr ....

    4. Forderungen gegen Unternehmen, mit denen

ein Beteiligungsverhältnis besteht**)
(KUGr.162), ...

davon mit einer Restlaufzeit von mehr als

einem Jahr ....

5. Forderungen aus öffentlicher Förderung

(KGr.14), ...

davon mit einer Restlaufzeit von mehr als

einem Jahr ....

6. Forderungen aus nicht-öffentlicher Förderung

(KGr.15), ...

davon mit einer Restlaufzeit von mehr als

einem Jahr ....

7. Eingefordertes, noch nicht eingezahltes Kapital**) ......

(KUGr.165) ....

8. Sonstige Vermögensgegenstände (KUGr.163,

164)   ....

------

davon mit einer Restlaufzeit von mehr als einem Jahr

III. Wertpapiere des Umlaufvermögens

(KGr.13), ...

davon Anteile

an verbundenen Unternehmen ....

IV. Kassenbestand, Guthaben bei Kreditinstituten

und Schecks (KGr.12) ....

C. Ausgleichsposten

  1. Ausgleichsposten aus Darlehensförderung

    (KUGr.171) ....

  2. Ausgleichsposten für Eigenmittelförderung

    (KUGr.172) ....

D. Rechnungsabgrenzungsposten

  (KGr.18) ....

E. Aktive latente Steuern**) (KUGr.164)   ....

F. Aktiver Unterschiedsbetrag aus der

Vermögensverrechnung   ....

G. Nicht durch Eigenkapital gedeckter Fehlbetrag   ....

                       ....

                     ========

----

 *) Die Klammerhinweise auf den Kontenrahmen entfallen in der Bilanz.

**) Ausweis dieser Posten nur bei Kapitalgesellschaften

Passivseite

20

A. Eigenkapital

  1. Eingefordertes Kapital (KUGr.2003)

    Gezeichnetes Kapital (KUGr.2001)

    abzüglich nicht eingeforderter ausstehender

    Einlagen (KUGr.2002) ....

B. Sonderposten aus Zuschüssen und Zuweisungen

   zur Finanzierung des Sachanlagevermögens

  1. Sonderposten aus öffentlichen Fördermitteln für

    Investitionen (KGr.21) ....

  2. Sonderposten aus nicht-öffentlicher Förderung für

    Investitionen (KGr.22) ....

C. Rückstellungen (KGr.24) ....

D. Verbindlichkeiten

  1. Verbindlichkeiten aus Lieferungen und Leistungen

    (KGr.30), ...

    davon mit einer Restlaufzeit

    bis zu einem Jahr ....

  2. Verbindlichkeiten gegenüber Kreditinstituten

    (KGr.31), ...

    davon mit einer Restlaufzeit

    bis zu einem Jahr ....

3. Erhaltene Anzahlungen (KGr.34), ...

davon mit einer Restlaufzeit

bis zu einem Jahr ....

4. Verbindlichkeiten gegenüber Gesellschaftern oder dem

Träger der Einrichtung (KUGr.354), ...

davon mit einer Restlaufzeit

bis zu einem Jahr ....

5. Verbindlichkeiten gegenüber verbundenen Unternehmen*)

(KUGr.355), ...

davon mit einer Restlaufzeit

bis zu einem Jahr ....

6. Verbindlichkeiten gegenüber Unternehmen, mit denen ein

Beteiligungsverhältnis besteht*) (KUGr.356), ...

davon mit einer Restlaufzeit

bis zu einem Jahr ....

7. Verbindlichkeiten aus öffentlichen Fördermitteln

für Investitionen (KGr.32), ...

davon mit einer Restlaufzeit

bis zu einem Jahr ....

8. Verbindlichkeiten aus nicht-öffentlicher Förderung

für Investitionen (KGr.33), ...

davon mit einer Restlaufzeit

bis zu einem Jahr ....

9. Sonstige Verbindlichkeiten (KUGr.350

bis 353, 357, KGr.36) ....

davon mit einer Restlaufzeit bis zu einem Jahr ....

davon im Rahmen der sozialen Sicherheit ....

10. Verwahrgeldkonto (KGr.37) ....

E. Ausgleichsposten aus Darlehensförderung

(KGr.23) ....

F. Rechnungsabgrenzungsposten (KGr.38) ....

G. Passive latente Steuern (KGr.39)**) ....

....

========

Eventualverbindlichkeiten aus Ansprüchen auf

Erstattung von Fördermitteln

----

*) Ausweis dieser Posten nur bei Kapitalgesellschaften.

Fußnote

(+++ Anlage 1: Zur Anwendung vgl. § 11 Abs. 7 F. ab 25.5.2009 +++)

-

Anlage 2 Gliederung der Gewinn- und Verlustrechnung

(Fundstelle: BGBl. I 1995, 1535 - 1536;

bzgl. der einzelnen Änderungen vgl. Fußnote)

1. Erträge aus allgemeinen Pflegeleistungen gemäß
   PflegeVG (KGr.40 bis 43) ....

2. Erträge aus Unterkunft und Verpflegung
   (KUGr.413, 424, 433) ....

3. Erträge aus Zusatzleistungen und Transportleistungen
   nach PflegeVG
   (KUGr.414 bis 416, 425, 426, 434, 435) ....

4. Erträge aus gesonderter Berechnung von Investitionskosten
   gegenüber Pflegebedürftigen (KUGr.464) ....

5. Zuweisungen und Zuschüsse zu Betriebskosten
   (KGr.44) ....

6. Erhöhung oder Verminderung des Bestandes an
   fertigen/unfertigen Erzeugnissen und Leistungen
   (KUGr.540) ....

7. Andere aktivierte Eigenleistungen
   (KUGr.541) ....

8. Sonstige betriebliche Erträge (KGr.48, 55) ....

------

9. Personalaufwand
   a) Löhne und Gehälter (KGr.60) ....
   b) Sozialabgaben, Altersversorgung und sonstige
      Aufwendungen (KGr.61 bis 64) ....

10. Materialaufwand
    a) Lebensmittel (KGr.65) ....
    b) Aufwendungen für Zusatzleistungen (KGr.66) ....

24

c) Wasser, Energie, Brennstoffe (KGr.67) ....

d) Wirtschaftsbedarf/Verwaltungsbedarf (KGr.68, 70) .. ..

11. Aufwendungen für zentrale Dienstleistungen
(KUGr.685) ....

12. Steuern, Abgaben, Versicherungen (KGr.71) ....

13. Sachaufwendungen für Hilfs- und Nebenbetriebe
(KGr.73) ....

14. Mieten, Pacht, Leasing (KGr.76) ....

------ --------

Zwischenergebnis ....

15. Erträge aus öffentlicher und nicht-öffentlicher
Förderung von Investitionen (KGr.45, 46; KUGr.486) ... .

16. Erträge aus der Auflösung von Sonderposten
(KGr.47) ....

17. Erträge aus der Erstattung von Ausgleichsposten aus
Darlehns- und Eigenmittelförderung (KUGr.487) ....

18. Aufwendungen aus der Zuführung zu Sonderposten/
Verbindlichkeiten (KGr.74) ....

19. Aufwendungen aus der Zuführung zu Ausgleichsposten
aus Darlehensförderung (KUGr.784) ....

20. Abschreibungen

a) Abschreibungen auf immaterielle Vermögensgegenstände
und Sachanlagen (KUGr.750, 751) ....

b) Abschreibungen auf Forderungen und sonstige

Vermögensgegenstände (KUGr. 753, 754) ....

21. Aufwendungen für Instandhaltung und

Instandsetzung (KUGr.771) ....

22. Sonstige ordentliche Aufwendungen

(KUGr.772) ....

------ --------

Zwischenergebnis ....

23. Erträge aus Beteiligungen (KUGr.500*), 501) ....

24. Erträge aus Finanzanlagen (KUGr.502*), 503) ....

25. Zinsen und ähnliche Erträge (KGr.51) ....

26. Abschreibungen auf Finanzanlagen und Wertpapiere

des Umlaufvermögens (KUGr.752) ....

27. Zinsen und ähnliche Aufwendungen (KGr.72) ....

------ --------

28. Ergebnis der gewöhnlichen Geschäftstätigkeit ....

29. Außerordentliche Erträge (KGr.56) ....

30. Außerordentliche Aufwendungen (KGr.78) ....

31. Weitere Erträge (KGr.52, 53) ....

------

32. Außerordentliches Ergebnis ....

33. Jahresüberschuß/Jahresfehlbetrag ....

========

----

*) Ausweis dieser Posten nur bei Kapitalgesellschaften.

Anlage 3a Anlagennachweis

(Inhalt: nicht darstellbare Tabelle,

Fundstelle: BGBl. I 1995, 1537;

bzgl. der einzelnen Änderungen vgl. Fußnote)

-

Anlage 3b Nachweis der Förderungen nach Landesrecht

(Fördernachweis)

(Inhalt: nicht darstellbare Tabelle,

Fundstelle: BGBl. I 1995, 1538;

bzgl. der einzelnen Änderungen vgl. Fußnote)

-

Anlage 4 Kontenrahmen für die Buchführung (Kontenklasse 0-8)

(Fundstelle: BGBl. I 1995, 1539 - 1546;

bzgl. der einzelnen Änderungen vgl. Fußnote)

Kontenklasse	Kontengruppe	Kontenuntergruppe	Text-Erläuterung
0			Kontenklasse 0
			Ausstehende Einlagen,
			Anlagevermögen
			Ausstehende Einlagen auf

		das gezeichnete oder
		festgesetzte Kapital
01		Grundstücke und
		grundstücksgleiche Rechte
	010	Bebaute Grundstücke
	011	Betriebsbauten
	012	Außenanlagen
02		Grundstücke und
		grundstücksgleiche Rechte
		mit Wohnbauten
	020	Bebaute Grundstücke
	021	Wohnbauten
	022	Außenanlagen
03		Grundstücke und
		grundstücksgleiche Rechte
		ohne Bauten
04		Bauten auf fremden
		Grundstücken
	040	Betriebsbauten
	041	Wohnbauten
	042	Außenanlagen
05		Technische Anlagen
	050	in Betriebsbauten
	051	in Wohnbauten
	052	in Außenanlagen
06		Einrichtung und Ausstattung
	060	in Betriebsbauten
	061	in Wohnbauten
	062	in Außenanlagen
	063	Fahrzeuge
	064	Geringwertige

		Wirtschaftsgüter (GWG's)
	065	Festwerte in Betriebsbauten
	066	Festwerte in Wohnbauten
07		Anlagen im Bau,
		Anzahlungen auf Anlagen
	070	Betriebsbauten
	071	Wohnbauten
08		Immaterielle
		Vermögensgegenstände,
		Beteiligungen und andere
		Finanzanlagen
	080	Immaterielle
		Vermögensgegenstände
	0800	Selbst geschaffene
		gewerbliche Schutzrechte
		und ähnliche Rechte und
		Werte
	0801	entgeltlich erworbene
		Konzessionen, gewerbliche
		Schutzrechte und ähnliche
		Rechte und Werte sowie
		Lizenzen an solchen
		Rechten und Werten
	0802	Geschäfts- und Firmenwert
	0803	geleistete Anzahlungen
	081	Anteile an verbundenen
		Unternehmen*)
	082	Ausleihungen an
		verbundene

		Unternehmern*)
	083	Beteiligungen
	084	Ausleihungen an
		Unternehmen, mit denen
		ein Beteiligungsverhältnis
		besteht*)
	085	Wertpapiere des
		Anlagevermögens
	086	sonstige Finanzanlagen
1		Kontenklasse 1
		Umlaufvermögen,
		Rechnungsabgrenzung
10		Vorräte
	101	Roh-, Hilfs- und
		Betriebsstoffe
	102	Geleistete Anzahlungen
11		Forderungen aus, geleistete
		Anzahlungen auf
		Lieferungen und Leistungen
12		Kassenbestand, Guthaben
		bei Kreditinstituten und
		Schecks
13		Wertpapiere des
		Umlaufvermögens
14		Forderungen aus
		öffentlicher Förderung
15		Forderungen aus nicht-
		öffentlicher Förderung

16		Sonstige Vermögensgegenstände
	160	Forderungen an Gesellschafter oder Träger der Pflegeeinrichtung
	161	Forderungen gegen verbundene Unternehmen*)
	162	Forderungen gegen Unternehmen, mit denen ein Beteiligungsverhältnis besteht*)
	163	Vorsteuer
	164	Sonstige Vermögensgegenstände
	165	Eingefordertes, noch nicht eingezahltes Kapital
17		Ausgleichsposten
	171	Ausgleichsposten aus Darlehensförderung
	172	Ausgleichsposten für Eigenmittelförderung
18		Rechnungsabgrenzung
19		Aktive latente Steuern, Aktiver Unterschiedsbetrag aus der Vermögensverrechnung, Bilanzverlust
	191	Aktive latente Steuern
	192	Aktiver Unterschiedsbetrag

		aus der Vermögensverrechnung
	193	Bilanzverlust
2		Kontenklasse 2 Eigenkapital, Sonderposten, Rückstellungen
20		Eigenkapital
	200	Gezeichnetes/festgesetztes (gewährtes) Kapital
	2001	Gezeichnetes Kapital/festgesetztes Kapital
	2002	Nicht eingeforderte ausstehende Einlagen
	2003	Eingefordertes Kapital
	201	Kapitalrücklagen
	202	Gewinnrücklagen
	203	Gewinnvortrag/Verlustvortrag
	204	Jahresüberschuß/Jahresfehlbetrag
21		Sonderposten aus öffentlichen Fördermitteln für Investitionen
22		Sonderposten aus nicht-öffentlicher Förderung für Investitionen

23		Ausgleichsposten aus Darlehensförderung
24		Rückstellungen
	240	Pensionsrückstellungen
	241	Steuerrückstellungen
	242	Urlaubsrückstellungen
	243	Sonstige Rückstellungen
3		Kontenklasse 3 Verbindlichkeiten, Rechnungsabgrenzung
30		Verbindlichkeiten aus Lieferungen und Leistungen
31		Verbindlichkeiten gegenüber Kreditinstituten
32		Verbindlichkeiten aus öffentlicher Förderung
33		Verbindlichkeiten aus nicht-öffentlicher Förderung
34		Erhaltene Anzahlungen
35		Sonstige Verbindlichkeiten
	350	gegenüber Mitarbeitern
	351	gegenüber Sozialversicherungsträgern
	352	gegenüber Finanzbehörden
	353	gegenüber Bewohnern
	354	Verbindlichkeiten gegenüber Gesellschafter oder dem Träger der Einrichtung

	355	Verbindlichkeiten gegenüber verbundenen Unternehmen*)
	356	Verbindlichkeiten gegenüber Unternehmen, mit denen ein Beteiligungsverhältnis besteht*)
	357	Sonstige Verbindlichkeiten
36		Umsatzsteuer
37		Verwahrgeldkonto
38		Rechnungsabgrenzung
39		Passive latente Steuern
4		Kontenklasse 4 Betriebliche Erträge
40		Erträge aus ambulanten Pflegeleistungen
	400	Erträge aus Pflegeleistungen: Pflegestufe I
	400 0	Pflegekasse
	400 1	Sozialhilfeträger
	400 2	Selbstzahler
	400 3	Übrige

401	Erträge aus Pflegeleistungen: Pflegestufe II
401 0	Pflegekasse
401 1	Sozialhilfeträger
401 2	Selbstzahler
401 3	Übrige
402	Erträge aus Pflegeleistungen: Pflegestufe III
402 0	Pflegekasse
402 1	Sozialhilfeträger
402 2	Selbstzahler
402 3	Übrige
403	Erträge aus Pflegeleistungen: Härtefälle
403 0	Pflegekasse
403	Sozialhilfeträger

		1
		403 Selbstzahler
		2
		403 Übrige
		3
	404	Erträge aufgrund
		häuslicher Pflege bei
		Verhinderung der
		Pflegeperson
	405	Erträge aufgrund von
		Regelungen über
		Pflegehilfsmittel
	406	Sonstige Erträge
41		Erträge aus
		teilstationären
		Pflegeleistungen
	410	Erträge aus
		Pflegeleistungen:
		Pflegeklasse I
		410 Pflegekasse
		0
		410 Sozialhilfeträger
		1
		410 Selbstzahler
		2
		410 Übrige
		3
	411	Erträge aus

	Pflegeleistungen:
	Pflegeklasse II
411 0	Pflegekasse
4111	Sozialhilfeträger
411 2	Selbstzahler
411 3	Übrige
412	Erträge aus
	Pflegeleistungen:
	Pflegeklasse III
412 0	Pflegekasse
412 1	Sozialhilfeträger
412 2	Selbstzahler
412 3	Übrige
413	Erträge aus Unterkunft und Verpflegung
414	Erträge aus Zusatzleistungen: Pflege
415	Erträge aus Zusatzleistungen: Unterkunft und

		Verpflegung
416		Erträge aus
		Transportleistungen
417		Erträge aufgrund von
		Regelungen über
		Pflegehilfsmittel
418		Sonstige Erträge
42		Erträge aus
		vollstationären
		Pflegeleistungen
420		Erträge aus
		Pflegeleistungen:
		Pflegeklasse I
	420 0	Pflegekasse
	420 1	Sozialhilfeträger
	420 2	Selbstzahler
	420 3	Übrige
421		Erträge aus
		Pflegeleistungen:
		Pflegeklasse II
	421 0	Pflegekasse
	421 1	Sozialhilfeträger
	421	Selbstzahler

2

421 Übrige

3

422   Erträge aus

Pflegeleistungen:

Pflegeklasse III

422 Pflegekasse

0

422 Sozialhilfeträger

1

422 Selbstzahler

2

422 Übrige

3

423   Erträge aus

Pflegeleistungen:

Härtefälle

423 Pflegekasse

0

423 Sozialhilfeträger

1

423 Selbstzahler

2

423 Übrige

3

424   Erträge aus Unterkunft

und Verpflegung

	425	Erträge aus Zusatzleistungen: Pflege
	426	Erträge aus Zusatzleistungen: Unterkunft und Verpflegung
	427	Erträge aufgrund von Regelungen über Pflegehilfsmittel
	428	Sonstige Erträge
43		Erträge aus Leistungen der Kurzzeitpflege
	430	Erträge aus Pflegeleistungen: Pflegeklasse I
	430 0	Pflegekasse
	430 1	Sozialhilfeträger
	430 2	Selbstzahler
	430 3	Übrige
	431	Erträge aus Pflegeleistungen: Pflegeklasse II

40

431 Pflegekasse

0

431 Sozialhilfeträger

1

431 Selbstzahler

2

431 Übrige

3

432   Erträge aus

Pflegeleistungen:

Pflegeklasse III

432 Pflegekasse

0

432 Sozialhilfeträger

1

432 Selbstzahler

2

432 Übrige

3

433   Erträge aus Unterkunft

und Verpflegung

434   Erträge aus

Zusatzleistungen:

Pflege

435   Erträge aus

Zusatzleistungen:

Unterkunft und

Verpflegung

	473	bei Einrichtungen der Kurzzeitpflege
48		Rückvergütungen, Erstattungen, Sachbezüge, Erträge aus Sonderrechnungen
	480	Erstattungen des Personals für freie Station
	481	Erstattungen des Personals für Unterkunft
	482	Erstattungen des Personals für Verpflegung
	483	Sonstige Erstattungen
	484	Erträge aus Hilfsbetrieben
	485	Erträge aus Nebenbetrieben
	486	Erträge aus Betriebskostenzuschüssen für sonstige ambulante Leistungen (außerhalb des SGB XI)

	487	Erträge aus der Erstattung von Ausgleichsposten aus Darlehens- und Eigenmittelförderung
	488	Sonstige Erträge aus Sonderrechnungen
49		frei
5		Kontenklasse 5 Andere Erträge
50		Erträge aus Beteiligungen und Finanzanlagen
	500	Erträge aus Beteiligungen an verbundenen Unternehmen*)
	501	Erträge aus anderen Beteiligungen
	502	Erträge aus Finanzanlagen in verbundenen Unternehmen*)
	503	Erträge aus anderen Finanzanlagen
51		Zinsen und ähnliche Erträge
	510	Zinsen und ähnliche Beträge aus verbundenen Unternehmen*)

	511	Zinsen für Einlagen bei Kreditinstituten
	512	Zinsen aus Wertpapieren des Umlaufvermögens
	513	Zinsen für Forderungen
	514	Sonstige Zinsen und ähnliche Erträge
52		Erträge aus dem Abgang von Gegenständen des Anlagevermögens und aus Zuschreibungen zu Gegenständen des Anlagevermögens
53		Erträge aus der Auflösung von Rückstellungen
54		Bestandsveränderungen, aktivierte Eigenleistungen
	540	Erhöhung oder Verminderung des Bestandes an fertigen und unfertigen Erzeugnissen oder Leistungen
	541	Andere aktivierte Eigenleistungen
55		Sonstige ordentliche Erträge
56		Außerordentliche Erträge
	560	Periodenfremde Erträge

		561	Spenden und ähnliche Zuwendungen
		562	Sonstige außerordentliche Erträge
	57		frei
	58		frei
	59		frei
6			Kontenklasse 6 Aufwendungen
	60		Löhne und Gehälter
		600	Leitung der Pflegeeinrichtung
		601	Pflegedienst
		602	Hauswirtschaftlicher Dienst
		603	Verwaltungsdienst
		604	Technischer Dienst
		605	Sonstige Dienste
	61		Gesetzliche Sozialabgaben (Aufteilung wie 600 bis 605)
	62		Altersversorgung (Aufteilung wie 600 bis 605)
	63		Beihilfen und Unterstützungen (Aufteilung wie 600 bis 605)
	64		Sonstige Personalaufwendungen (Aufteilung wie 600 bis 605)
	65		Lebensmittel

66		Aufwendungen für Zusatzleistungen
67		Wasser, Energie, Brennstoffe
68		Wirtschaftsbedarf/Verwaltungsbedarf
	680	Materialaufwendungen
	6800	Eigenfinanzierung
	6801	Finanzierung nach Landesrecht
	681	Bezogene Leistungen
	682	Büromaterial
	683	Telefon
	684	Sonstiger Verwaltungsbedarf
	685	Aufwendungen für zentrale Dienstleistungen
69		frei
7		Kontenklasse 7 weitere Aufwendungen
70		Aufwendungen für Verbrauchsgüter gemäß § 82 Abs. 2 Nr. 1, 2. Halbsatz SGB XI (soweit nicht in anderen Konten verbucht)
71		Steuern, Abgaben, Versicherungen
	710	Steuern

	711	Abgaben
	712	Versicherungen
72		Zinsen und ähnliche
		Aufwendungen
	720	Zinsen für
		Betriebsmittelkredite
	721	Zinsen für langfristige
		Darlehen
	722	Sonstige Zinsen
	723	Sonstige Aufwendungen
73		Sachaufwendungen für
		Hilfs- und Nebenbetriebe
74		Zuführung von
		Fördermitteln zu
		Sonderposten oder
		Verbindlichkeiten
	740	Zuführung von öffentlichen
		Fördermitteln zu
		Sonderposten oder
		Verbindlichkeiten
	741	Zuführung von nicht-
		öffentlichen Zuwendungen
		zu Sonderposten oder
		Verbindlichkeiten
75		Abschreibungen
	750	Abschreibungen auf
		immaterielle
		Vermögensgegenstände

49

	751	Abschreibungen auf Sachanlagen
	752	Abschreibungen auf Finanzanlagen und Wertpapiere des Umlaufvermögens
	753	Abschreibungen auf Forderungen
	754	Abschreibungen auf sonstige Vermögensgegenstände
76		Mieten, Pacht, Leasing
77		Aufwendungen für Instandhaltung und Instandsetzung, sonstige ordentliche Aufwendungen
	771	Aufwendungen für Instandhaltung und Instandsetzung
	772	Sonstige ordentliche Aufwendungen
78		Außerordentliche Aufwendungen
	780	Aufwendungen aus dem Abgang von Gegenständen des Anlagevermögens
	781	Periodenfremde Aufwendungen

	782	Spenden und ähnliche Aufwendungen
	783	Aufwendungen für Verbandsumlagen
	784	Aufwendungen aus der Zuführung zu Ausgleichsposten aus Darlehensförderung
	785	Sonstige außerordentliche Aufwendungen
	79	frei
8		Kontenklasse 8 Eröffnungs- und Abschlußkonten
	80	frei
	81	frei
	82	frei
	83	frei
	84	frei
	85	Eröffnungs- und Abschlußkonten
	86	Abgrenzung der Erträge, die nicht in die Kostenrechnung eingehen
	87	Abgrenzung der Aufwendungen, die nicht in die Kostenrechnung eingehen
	88	Kalkulatorische Kosten

89   frei

Fußnote

(+++ Anlage 4: Zur Anwendung vgl. § 11 Abs. 7 F. ab 25.5.2009 +++)

-

Anlage 5 Muster, Kostenstellenrahmen für die Kosten- und
Leistungsrechnung

Fundstelle des Originaltextes: BGBl. I 1995, 1547

90 Allgemeine Kostenstellen
90 Gebäude einschließlich Grundstücke
0
90 Außenanlagen
1
90 Leitung und Verwaltung der Pflegeeinrichtung
2
90 Hilfs- und Nebenbetriebe
3
90 Ausbildung, Fortbildung
4
90 Personaleinrichtungen (soweit für Betrieb der
5   Einrichtung notwendig)
90 Sonstige
6

91 Versorgungseinrichtungen

91 Wäscherei (Versorgung)
0

91 Küche (Versorgung)
1

91 Hol- und Bringedienst (Transporte innerbetrieblich)
2

91 Zentrale Sterilisation
3

91 Zentraler Reinigungsdienst
4

91 Energieversorgung (Wasser, Energie, Brennstoffe)
5

91 Sonstige
6

92 Häusliche Pflegehilfe

92 Pflegebereich - Pflegestufe I
0

92 Pflegebereich - Pflegestufe II
1

92 Pflegebereich - Pflegestufe III
2

92 Pflegebereich - Pflegestufe III - Härtefälle
3

93 Teilstationäre Pflege (Tagespflege)

93 Pflegebereich - Pflegeklasse I

0
93 Pflegebereich - Pflegeklasse II

1
93 Pflegebereich - Pflegeklasse III

2
93 Pflegebereich - Pflegeklasse III - Härtefälle

3

94 Teilstationäre Pflege (Nachtpflege)
94 Pflegebereich - Pflegeklasse I
0
94 Pflegebereich - Pflegeklasse II
1
94 Pflegebereich - Pflegeklasse III
2
94 Pflegebereich - Pflegeklasse III - Härtefälle
3

95 Vollstationäre Pflege
95 Pflegebereich - Pflegeklasse I
0
95 Pflegebereich - Pflegeklasse II
1
95 Pflegebereich - Pflegeklasse III
2
95 Pflegebereich - Pflegeklasse III - Härtefälle
3

96 Kurzzeitpflege
96 Pflegebereich - Pflegeklasse I

0
96 Pflegebereich - Pflegeklasse II
1
96 Pflegebereich - Pflegeklasse III
2
96 Pflegebereich - Pflegeklasse III - Härtefälle
3

97- freibleibend
99
-

Anlage 6 Muster, Kostenträgerübersicht

Fundstelle des Originaltextes: BGBl. I 1995, 1548

Für teil- und vollstationäre Pflegeeinrichtungen

Pflegeklasse I
- Pflegeleistungen
- Unterkunft und Verpflegung

Pflegeklasse II
- Pflegeleistungen
- Unterkunft und Verpflegung

Pflegeklasse III
- Pflegeleistungen
- Unterkunft und Verpflegung

Zusatzleistung Pflege

55

Zusatzleistung Unterkunft und Verpflegung

Für ambulante Pflegeeinrichtungen

Kostenträger sind die in den Vergütungsempfehlungen der Spitzenverbände der Pflegekassen aufgeführten Leistungskomplexe.